AF340207

HADAMISTHE

ET

ENOBIE,

TRAGEDIE

MONSIEUR DE CREBILLON.

VIENNE EN AUTRICHE,

ez Jean Pierre van Ghelen,
primeur de la Cour de Sa Majeſté Imperiale
& Royale.

MDCCLII,

ACTEURS.

PHARASMANE, Roi d'Ibérie.

RHADAMISTHE, Roi d'Arménie, Fils de Pharasmane.

ZENOBIE, Femme de Rhadamisthe, sous le nom d'Isménie.

ARSAME, Frere de Rhadamisthe.

HIERON, Ambassadeur d'Arménie, & Confident de Rhadamisthe.

MITRANE, Capitaine des Gardes du Pharasmane.

HIDASPE, Confident de Pharasmane.

PHENICE Confident de Zenobie.

GARDES.

La Scene est dans Arthanisse, Capitale de l'Ibérie, dans le Palais de Pharasmane.

RHADAMISTHE
ET
ZENOBIE,
TRAGEDIE.

ACTE I.

SCENE PREMIERE.

ZENOBIE, sous le nom d'Isménie,
PHENICE.

ZENOBIE.

AH! laisse-moi, Phenice, à mes mortels
ennuis.
Tu redoubles l'horreur de l'état où je
suis.
Laisse-moi: ta pitié, tes conseils & la vie,
Sont le comble des maux pour la triste Isménie.
Dieux justes! Ciel vengeur, effroi des malheu-
reux!

Le

Le fort qui me pourfuit eft-il affez affreux?

PHENICE.

Vous verrai-je toujours, les yeux baignés de
                      larmes,
Par d'éternels tranfports remplir mon cœur d'al-
                      larmes?
Le fommeil en ces lieux verfe en vain fes pavots;
La nuit n'a plus pour vous ni douceur, ni repos.
Cruelle, fi l'Amour vous éprouve inflexible,
A ma trifte amitié foyez du moins fenfible.
Mais quels fontvos malheurs? Captive dans des
                      lieux
Où l'Amour foumet tout au pouvoir de vos
                      yeux,
Vous ne fortez des fers où vous fûtes nourrie,
Que pour vous affervir le grand Roi d'Ibérie.
Et que demande encor ce Vainqueur des Ro-
                      mains?
D'un Sceptre redoutable il veut orner vos mains.
Si, rebuté des foins où fon amour l'engage,
Il s'eft enfin laffé d'un inutile hommage;
Par combien de mépris, de tourmens, de ri-
                      gueur,
N'avez-vous pas vous-même allumé fa fureur?
Flatez, comblez fes vœux, loin de vous en dé-
                      fendre;
Vous le verrez bientôt plus foumis & plus ten-
                      dre.

ZENOBIE.

Je connois mieux que toi ce barbare Vainqueur,
Pour qui, mais vainement, tu veux fléchir mon
                      cœur.

                      Quels

Quels que foient les grands noms qu'il tient de
la victoire,
Et ce front fi fuperbe où brille tant de gloire;
Malgré tous fes exploits, l'Univers à mes yeux
N'offre rien qui me doive être plus odieux.
J'ai trahi trop long-temps ton amitié fidele:
Il faut d'un autre prix reconnoître ton zele,
Me découvir. Du moins, quand tu fçauras mon
fort,
Je ne te verrai plus t'oppofer à ma mort.
Phenice, tu m'as vûe aux fers abandonnée,
Dans un abaiffement où je ne fuis point née.
Je compte autant de Rois qui je compte d'Ayeux;
Et le fang dont je fors ne le cede qu'aux Dieux.
Pharafmane, ce Roi qui fait trembler l'Afic,
Qui brave des Romains la vaine jaloufie;
Ce cruel, dont tu veux que je flate l'amour,
Eft frere de celui qui me donna le jour.
Plût aux Dieux qu'à fon fang le Deftin qui me
lie,
N'eût point par d'autres nœuds attaché Zeno-
bie!
Mais, à ces nœuds facrés joignant des nœuds
plus doux,
Le fort l'a fait encor pere de mon Epoux;
De Rhadamifthe enfin.

PHENICE.

Ma furprife eft extrême!
Vous, Zenobie! ô Dieux!

ZENOBIE.

Oui, Phenice, elle-même,
Fille de tant de Rois, refte d'un fang fameux,

A 3

Illu-

Illuſtre, mais hélas! encor plus malheureux.
Après de longs débats, Mithridate mon pere
Dans le ſein de la paix vivoit avec ſon frere;
L'une & l'autre Arménie, aſſervie à nos lois,
Mettoit cet heureux Prince au rang des plus
        grands Rois.
Trop heureux en effet, ſi ſon frere perfide
D'un Sceptre ſi puiſſant eût été moins avide:
Mais le cruel, bien loin d'appuyer ſa grandeur,
La dévora bientôt dans le fond de ſon cœur.
Pour ébloüir mon pere, & pour mieux le ſur-
        prendre,
Il lui remit ſon fils dès l'âge le plus tendre.
Mithridate charmé l'éleva parmi nous,
Comme un ami pour lui, pout moi comme un
        époux.
Je l'avouerai, ſenſible à ſa tendreſſe extrême,
Je me fis un devoir d'y répondre de même:
Ignorant qu'en effet ſous des dehors heureux
On pût cacher au crime un penchant dangereux.

PHENICE.

Jamais Roi cependant ne ſe fit dans l'Aſie
Un nom plus glorieux, & plus digne d'envie.
Déja des autres Rois devenu la terreur . . . ,

ZENOBIE.

Phenice, il n'a que trop ſignalé ſa valeur.
A peine je touchois à mon troiſieme luſtre,
Lorſque tout fut conclu pour cet hymen illuſtre:
Rhadamiſthe déja s'en croyoit aſſuré,
Quand ſon pere cruel, contre nous conjuré,
Entra dans nos Etats ſuivi de Tiridate,
Qui brûloit de s'unir au ſang de Mithridate;
          Et

Et ce Parthe, indigné qu'on lui ravît ma foi,
Sema partout l'horreur, le défordre & l'effroi.
Mithridate, accablé par fon perfide frere,
Fit tomber fur le fils les cruautés du pere;
Et pour mieux fe venger de ce frere inhumain,
Promit à Tiridate & fon Sceptre & ma main.
Rhadamifthe, irrité d'un affront fi funefte,
De l'Etat à fon tour embrafa tout le refte,
En dépouilla mon pere, en repouffa le fien;
Et dans fon défefpoir ne ménageant plus rien,
Malgré Numidius, & la Syrie entiere,
Il força Pollion de lui livrer mon pere.
Je tentai, pour fauver un pere malheureux.
De fléchir un Amant que je crus généreux.
Il promit d'oublier fa tendreffe offenfée,
S'il voyoit de ma main fa foi récompenfée;
Qu'au moment que l'hymen l'engageroit à moi,
Il remettroit l'Etat fous fa premiere loi.
Sur cet efpoir charmant aux Autels entraînée,
Moi-même je hâtois ce fatal hyménée;
Et mon parjure Amant ofa bien l'achever,
Teint du fang qu'à ce prix je prétendois fauver.
Mais le Ciel, irrité contre ces nœuds impies
Eclaira notre hymen du flambeau des Furies.
Quel hymen, juftes Dieux! & quel barbare
époux!

PHENICE.

Je fçai que tout un peuple indigné contre vous,
Vous imputant du Roi la trifte deftinée,
Ne vit qu'avec horreur ce coupable hyménée.

ZENOBIE.

Les cruels, fans fçavoir qu'on me cachoit fon
fort,

A 4

Ofe-

Oferent bien fur moi vouloir venger fa mort.
Troublé de fes forfaits dans ce péril extrême,
Rhadamifthe en parut comme accablé lui-même :
Mais ce Prince, bientôt rappellant fa fureur,
Remplit tout à fon tour de carnage & d'horreur.
Suivez moi, me dit-il : *ce peuple, qui m'outrage,*
En vain à ma valeur croit fermer un Paffage :
Suivez-moi. Des Autels s'éloignant à grands pas,
Terrible & furieux il me prit dans fes bras,
Fuyant parmi les fiens à travers Artaxate,
Qui vengeoit, mais trop tard, la mort de Mi-
thridate.

Mon époux cependant preffé de toutes parts,
Tournant alors fur moi de funeftes regards.....
Mais, loin de retracer une action fi noire,
D'un Epoux malheureux refpectons la mémorie.
Epargne à ma vertu cet odieux récit.
Contre un infortuné je n'en ai que trop dit.
Je ne puis rappeller un fouvenir fi trifte,
Sans déplorer encor le fort de Rhadamifthe.
Qu'il te fuffife enfin, Phenice, de fçavoir,
Victime d'un amour réduit au défefpoir,
Que par une main chere, & de mon fang fu-
mante,
L'Araxe dans fes eaux me vit plonger mouran-
te.

PHENICE.

Quoi! ce fut votre Epoux.... Quel inhumain!
grands Dieux!

ZENOBIE.

Les horreurs de la mort couvroient déja mes
yeux,
Quand

Quand le Ciel, par les foins d'une main fecou-
rable,
Me fauva d'un trépas fans elle inévitable.
Mais à peine échappée à des périls affreux,
Il me fallut pleurer un Epoux malheureux.
J'appris, non fans frémir, que fon barbare pe-
re,
Prétextant fa fureur fur la mort de fon frere,
De la grandeur d'un fils en effet trop jaloux,
Lui feul avoit armé nos peuples contte nous;
Qu'introduit en fecret au fein de l'Arménie,
Lui- même de fon fils avoit tranché la vie.
A ma douleur alors laiffant un libre cours,
Je déteftai les foins qu'on prenoit de mes jours;
Et quittant fans regret mon rang & ma Patrie,
Sous un nom déguifé j'errai dans la Médie.
Enfin, après dix ans d'efclavage & d'ennui,
Etrangere par-tout, fans fecours, fans appui,
Quand j'efpérois gouter un deftin plus tran-
quille,
La guerre en un moment détruifit mon afyle.
Arfame, conduifant la terreur fur fes pas,
Vint la foudre à la main ravager ces climats.
Arfame, né d'un fang à mes yeux fi coupable,
Arfame cependant à mes yeux trop aimable,
Fils d'un pere perfide, inhumain & jaloux,
Frere de Rhadamifthe, enfin de mon Epoux.

PHENICE.

Quel que foit le devoir du nœud qui vous en-
gage,
Aux Manes d'un Epoux eft- ce faire un outrage,
Que de céder aux foins d'un Prince généreux,
Qui par tant de bienfaits a fignalé fes feux?

 ZE-

ZENOBIE.

Encor fi dans nos maux une cruelle abfence
Ne nous raviffoit point notre unique efpérance...

Mais Arfame, éloigné par un trifte devoir,
Dans mon cœur éperdu ne laiffe plus d'efpoir;
Et pour comble de maux j'apprends que l'Armé-
nie,

Qu'un droit fi légitime accorde à Zenobie,
Va tomber au pouvoir du Parthe, ou des Romains,

Ou peut-être paffer en de moins dignes mains.
Dans fon barbare cœur flatté de fa conquête,
A quitter ces climats Pharafmane s'apprête.

PHENICE.

Eh bien! dérobez-vous à fes injuftes loix.
N'avez-vous pas pour vous les Romains & vos
droits?

Par un Ambaffadeur parti de la Syrie,
Rome doit décider du fort de l'Arménie.
Reine de ces Etats, contre un Prince inhumain
Faites agir pour vous l'Ambaffadeur Romain:
On l'attend aujourd'hui dans les murs d'Arta-
niffe.

Implorez de Céfar le fecours, la juftice:
De fon Ambaffadeur faites-vous un appui:
Forcez-le à vous défendre, ou fuyez avec lui.

ZENOBIE.

Comment brifer les fers où je fuis retenue?
M'en croira-t-on d'ailleurs, fugitive, incon-
nue?

Comment..... Mais quel objet! Arfame dans
ces lieux!

SCE-

SCENE II.

ZENOBIE, *sous le nom d'Isménie,* ARSAME, PHENICE.

ARSAME.

M'Est-il encor permis de m'offrir à vos yeux?

ZENOBIE.

C'est vous - même, Seigneur ! quoi, déja l'Al-
                                        banie. . . . .

ARSAME.

Tout est soumis, Madame : & la belle Ismenie,
Quand la gloire paroît me combler de faveurs,
Semble seule vouloir m'accabler de rigueurs.
Trop sûr que mon retour d'un inflexible pere
Va sur un fils coupable attirer la colere ;
Jaloux, désespére, j'ose pour vous revoir
Abandonner les lieux commis à mon devoir.
Ah ! Madame, est - il vrai qu'un Roi fier & ter-
                                        rible
Aux charmes de vos yeux soit devenu sensible ?
Que l'hymen aujourd'hui doive combler ses
                                        vœux ?
Pardonnez aux transports d'un amant malheu-
                                        reux.
Ma douleur vous aigrit : je vois qu'avec con-
                                        trainte
D'un amour allarmé vous écoutez la plainte.
Ce n'est pas sans raison que vous la condamnez :
Le reproche ne sied qu'aux Amans fortunés.
                                        Mais

Mais moi, qui fus toujours à vos rigueurs en
                           butte,
Qu'un amour fans efpoir dévore & perfécute;
Mais moi, qui fus toujours à vos loix fi foumis,
Qu'ai je à me plaindre? hélas! & que m'a-t-on
                           promis?
Indigné cependant du fort qu'on vous prépare,
Je me plains & de vous & d'un rival barbare.
L'Amour, le tendre Amour qui m'anime pour
                           vous,
Tout malheureux qu'il eft, n'en eft pas moins
                           jaloux.

ZENOBIE.

Signeur, il eft trop vrai qu'une flamme funefte
A fait parler ici des feux que je détefte:
Mais, quel que foit le rang & le pouvoir du Roi,
C'eft en vain qu'il prétend difpofer de ma foi.
Ce n'eft pas que fenfible à l'ardeur qui vous flate,
J'approuve ces tranfports où votre amour éclate.

ARSAME.

Ah! malgré tout l'amour dont je brûle pour
                           vous,
Faites-moi feul l'objet d'un injufte courroux:
Impofez à mes feux la loi la plus févere,
Pourvû que votre main fe refufe à mon pere.
Si pour d'autres que moi votre cœur doit brûler,
Donnez-moi des rivaux que je puiffe immoler,
Contre qui ma fureur agiffe fans murmure.
L'Amour n'a pas toujours refpecté la Nature:
Je ne le fens que trop à mes tranfports jaloux.
Que fçai-je, fi le Roi devenoit votre Epoux,
Jufqu'où m'emporteroit fa cruelle injuftice!

Ce

Ce n'eſt pas le ſeul bien que ſa main me raviſſe.
L'Arménie, attentive à ſe choiſir un Roi,
Par les ſoins d'Hieron ſe déclare pour moi:
Ardent à terminer un honteux eſclavage,
Je venois à mon tour vous en faire un hom-
          mage:
Mais un Pere jaloux, un rival inhumain,
Veut me ravir encor ce Sceptre & votre main.
Qu'il m'enleve à ſon gré l'une & l'autre Armé-
          nie;
Mais qu'il laiſſe à mes vœux la charmante Iſmé-
          nie.
Je faiſois mon bonheur de plaire à ſes beaux
          yeux;
Et c'eſt l'unique bien que je demande aux Dieux.

ZENOBIE.

Et pourquoi donc ici m'avez-vous amenée?
Quelle que fût ailleurs ma triſte deſtinée,
Elle couloit du moins dans l'ombre du repos.
C'eſt vous par trop de ſoins qui comblez tous
          mes maux.
D'ailleurs, qu'eſpérez-vous d'une flamme ſi vi-
          ve?
Tant d'amour convient-il au ſort d'une captive?
Vous ignorez encor juſqu'où vont mes mal-
          heurs.
Rien ne ſçauroit tarir la ſource de mes pleurs.
Ah! quand même l'Amour uniroit l'un & l'au-
          tre,
L'hymen n'unira point mon ſort avec le vôtre.
Malgré tout ſon pouvoir, & ſon amour fatal,
Le Roi n'eſt pas, Seigneur, votre plus fier rival.

Un

Un devoir rigoureux, dont rien ne me difpen-
fe,

Doit forcer pour jamais votre amour au filence.
J'entends du bruit. On ouvre. Ah! Seigneur,
c'eft le Roi!

Que je crains fon abord & pour vous & pour
moi!

S C E N E III.

*PHARASMANE, ZENOBIE fous le nom
d'Ifménie, ARSAME, MITRANE,
HIDASPE, PHENICE,
GARDES.*

P H A R A S M A N E.

QUe vois-je? c'eft mon Fils! dans Artaniffe
Arfame!

Quel deffein l'y conduit? Vous vous taifez,
Madame!

Arfame près de vous, Arfame dans ma Cour,
Lorfque moi même ici j'ignore fon retour!
De ce trouble confus que faut-il que je penfe?
Vous, à qui j'ai remis le foin de ma vengeance;
Qui j'honorois enfin d'un choix fi glorieux,
Parlez, Prince : quel foin vous ramene en ces
lieux?

Quel befoin, quel projet a pû vous y conduire,
Sans ordre de ma part, fans daigner m'en in-
ftruire?

A R S A M E.

Vos ennemis domptés, devois-je préfumer
Que

Que mon retour, Seigneur, pourroit vous al-
larmer?
Ah! vous connoiſſez trop & mon cœur & mon
zele,
Pour ſoupçonner le ſoin qui vers vous me rap-
pelle.
Croyez, après l'emploi que vous m'avez com-
mis,
Puiſque vous me voyez, que tout vous eſt
ſoumis.
Lorſqu'au prix de mon ſang je vous couvre de
gloire,
Lorſque tout retentit du bruit de ma victoire,
Je l'avouerai, Seigneur, pour prix de mes ex-
ploits,
Que je n'attendois pas l'accueil que je reçois.
J'apprends de toutes parts que Rome & la Syrie,
Que Corbulon armé menacent l'Ibérie:
Votre fils ſe flatoit, conduit par ſon devoir,
Qu'avec plaiſir alors vous pourriez le revoir.
Je ne ſoupçonnois pas que mon impatience.
Dût dans un cœur ſi grand jetter la défiance:
J'attendois qu'on ouvrît, pour m'offrir à vos
yeux,
Quand j'ai trouvé, Seigneur, Iſménie en ces
lieux.

PHARASMANE.

Je crains peu Corbulon, les Romains, la Syrie.
Contre ces noms fameux mon ame eſt aguerrie;
Et je n'approuve pas qu'un ſi généreux ſoin
Vous ait ſans mon aveu ramené de ſi loin.

D'ail-

D'ailleurs, qu'a fait de plus, qu'a produit ce
grand zele,
Que le devoir d'un fils & d'un sujet fidele ?
Doutez - vous, quels que soient vos services
passés,
Qu'un retour criminel les ait tous effacés ?
Sçachez que votre Roi ne s'en souvient encore,
Que pour ne point punir des projets qu'il ignore.
Quoi qu'il en soit, partez avant la fin du jour,
Et courez à Colchos étouffer votre amour.
Je vous défends surtout de revoir Isménie.
Apprenez qu'à mon sort elle doit être unie ;
Que l'hymen dès ce jour doit couronner mes
feux ;
Que cet unique objet de mes plus tendres vœux
N'a que trop mérité la grandeur souveraine :
Votre esclave autrefois, aujourd'hui votre Rei-
ne :
C'est vous instruire assez que mes transports ja-
loux
Ne veulent point ici de témoins tels que vous.
Sortez.

SCENE IV.

PHARASMANE, ZENOBIE, sous le nom
d'Isménie, MITRANE, HIDASPE,
PHENICE, GARDES.

ZENOBIE.

ET de quel droit votre jalouse flamme
Prétend- elle à ses vœux assujettir mon ame ?
Vous

Vous m'offrez vainement la suprême grandeur:
Ce n'eſt pas à ce prix qu'on obtiendra mon
                                        cœur.
D'ailleurs, que ſçavez-vous, Seigneur, ſi l'hy-
                                        ménée
N'auroit point à quelqu'autre uni ma deſtinée?
Sçavez vous ſi le ſang à qui je dois le jour
Me permet d'écouter vos vœux & votre amour?

PHARASMANE.

Je ne ſçais en effet quel ſang vous a fait naître:
Mais, fût il auſſi beau qu'il mérite de l'être,
Le nom de Pharaſmane eſt aſſez glorieux
Pour oſer s'allier au ſang même des Dieux.
En vain à vos rigueurs vous joignez l'artifice:
Vains détours, puiſqu'enfin il faut qu'on m'o-
                                        béiſſe.
Je n'ai rien oublié pour obtenir vos vœux:
Moins en Roi, qu'en Amant, j'ai fait parler mes
                                        feux:
Mais mon cœur, irrité d'une fierté ſi vaine,
Fait agir à ſon tour la grandeur ſouveraine:
Et puiſqu'il faut en Roi m'expliquer avec vous,
Redoutez mon pouvoir, ou du moins mon cour-
                                        roux;
Et ſçachez que malgré l'Amour & ſa puiſſance;
Les Rois ne ſont point faits à tant de reſiſtance;
Quoi que de mes tranſports vous vous ſoyez
                                        promis.
Que tout juſqu'à l'Amour doit leur être ſoumis,
J'entrevois vos refus: c'eſt au retour d'Arſame
Que je dois le mépris dont vous payez ma flam-
                                        me:

B

Mais

Mais craignez que vos pleurs, avant la fin du
jour,
D'un téméraire fils ne vengent mon amour.

SCENE V.

ZENOBIE, PHENICE.

ZENOBIE.

AH ! Tyran, puisqu'il faut que ma tendresse
agisse,
Et que de tes fureurs ma haine te punisse,
Crains que l'Amour, armé de mes foibles at-
traits,
Ne te rende bientôt tous les maux qu'il m'a
faits.
Et qu'ai-je à ménager ! Manes de Mithridate,
N'est-il pas temps pour vous que ma vengeance
eclate ?
Venez à mon secours, Ombre de mon Epoux,
Et remplissez mon cœur de vos transports jaloux :
Vengez-nous par mes mains d'un ennemi fu-
neste ;
Vengeons-nous-en plutôt par le fils qui lui
reste.
Le crime que sur vous votre pere a commis
Ne peut être expié que par son autre fils :
C'est à lui que les Dieux réservent son supplice.
Armons son bras vengeur : va le trouver, Phe-
nice.
Dis-lui qu'à sa pitié, qu'à lui seul j'ai recours :
Mais sans me découvrir implore son secours.
Dis-lui, pour me sauver d'une injuste puissance,
Qu'il

Qu'il intéreſſe à Rome à prendre ma défenſe;
De ſon Ambaſſadeur qu'on attend aujourd'hui,
Dans ces lieux, s'il ſe peut, qu'il me faſſe un
                      appui:
Fais briller à ſes yeux le Trône d'Arménie;
Retrace- lui les maux de la triſte Iſménie;
Par l'intérêt d'un Sceptre ébranle ſon devoir:
Pour l'attendrir enfin, peins lui mon déſeſpoir.
Puiſque l'Amour a fait les malheurs de ma vie,
Quel autre que l'Amour doit venger Zenobie.

FIN DU PREMIER ACTE.

ACTE II.

SCENE PREMIERE.

RHADAMISTHE, HIERON.

HIERON.

ESt-ce vous que je vois! en croirai-je mes
                      yeux!
Rhadamiſthe vivant! Rhadamiſthe en ces lieux!
Se peut-il que le Ciel vous redonne à nos lar-
                      mes,
Et rende à mes ſouhaits un jour ſi plein de char-
                      mes!
Eſt-ce bien vous, Seigneur? & par quel heu-
                      reux ſort
Démentez- vous ici le bruit de votre mort?

                RHA-

RHADAMISTHE.

Hieron, plût aux Dieux que la main ennemie
Qui me ravit le Sceptre eût terminé ma vie !
Mais le Ciel m'a laissé, pour prix de ma fureur,
Des jours qu'il a tissus de tristesse & d'horreur.
Loin de faire éclater ton zele, ni ta joie,
Pour un Roi malheureux que le Sort te renvoie,
Ne me regarde plus que comme un furieux,
Trop digne du courroux des hommes & des
                                        Dieux ;
Qu'a proscrit dès long-temps la vengeance céle-
                                        ste ;
De crimes, de remords assemblage funeste ;
Indigne de la vie, & de ton amitié ;
Objet digne d'horreur, mais digne de pitié ;
Traître envers la Nature, envers l'Amour perfi-
                                        de ;
Usurpateur, ingrat, parjure, parricide.
Sans les remords affreux qui déchirent mon
                                        cœur,
Hieron, j'oublierois qu'il est un Ciel vengeur.

HIERON.

J'aime à voir ces regrets que la vertu fait naî-
                                        tre :
Mais le devoir, Seigneur, est-il toujours le
                                        maître ?
Mithridate lui-même, en vous manquant de foi,
Sembloit de vous venger vous imposer la loi.

RHADAMISTHE.

Ah ! loin qu'en mes forfaits ton amitié me flate,
Peins-moi toute l'horreur du sort de Mithridate.
                                        Rap-

Rappelle-toi ce jour & ces fermens affreux
Que je fouillai du fang de tant de malheureux.
S'il te fouvient encore du nombre des Victimes,
Compte, fi tu le peux, mes remords par mes
                                        crimes.
Je veux que Mithridate, en trahiffant mes feux,
Fût digne même encor d'un fort plus rigoureux;
Que je duffe fon fang à ma flamme trahie:
Mais à ce même amour qu'avoit fait Zenobie?
Tu frémis, je le vois: ta main, ta propre main
Plongeroit un poignard dans mon perfide fein,
Si tu pouvois fçavoir jufqu'où ma barbarie
De ma jaloufe rage a porté la furie.
Apprends tous mes forfaits, ou plutôt mes mal-
                                        heurs:
Mais, fans les retracer, juges-en par mes pleurs.

HIERON.

Auffi touché que vous du fort qui vous acca-
                                        ble,
Je n'examine point fi vous êtes coupable.
On eft peu criminel avec tant de remords;
Et je plains feulement vos douloureux tran-
                                        fports.
Calmez ce défefpoir où votre ame fe livre,
Et m'apprenez . . . ...

RHADAMISTHE.

                Comment oferai-je pourfuivre!
Comment de mes fureurs ofer t'entretenir,
Quand tout mon fang fe glace à ce feul fouve-
                                        nir!
Sans que mon défefpoir ici le renouvelle,

B 3   Tu

Tu sçais tout ce qu'a fait cette main criminelle:
Tu vis comme aux Autels un Peuple mutiné
Me ravit le bonheur qui m'étoit destiné :
Et malgré les périls qui menaçoient ma vie,
Tu sçais comme à leurs yeux j'enlevai Zenobie.
Inutiles efforts ! je fuyois vainement.
Peins - toi mon désespoir dans ce fatal moment.
Je voulus m'immoler: mais Zenobie en larmes,
Arrosant de ses pleurs mes parricides armes,
Vingt fois pour me fléchir embrassant mes ge-
                                          noux,
Me dit ce que l'Amour inspire de plus doux.
Hieron, quel objet pour mon ame éperdue !
Jamais rien de si beau ne s'offrit à ma vûe.
Tand d'attraits cependant, loin d'attendrir mon
                                          cœur,
Ne firent qu'augmenter ma jalouse fureur.
Quoi, dis- je en frémissant, la mort que je m'ap-
                                          prête,
Va donc à Tiridate assurer sa conquête !
Les pleurs de Zenobie irritant ce transport,
Pour prix de tant d'amour je lui donnai la mort;
Et n'écoutant plus rien que ma fureur extrême,
Dans l'Araxe aussitôt je la traînai moi- même.
Ce fut- là que ma main lui choisit un tombeau,
Et que de notre hymen j'éteignis le flambeau.

HIERON.

Quel sort pour une Reine à vos jours si sensi-
                                          ble!

RHADAMISTHE.

Après ce coup affreux, devenu plus terrible,
Privé de tous les miens, poursuivi, sans secours,
                                          A mon

A mon seul désespoir j'abandonnai mes jours.
Je me précipitai, trop indigne de vivre,
Parmi des furieux, ardens à me poursuivre,
Qu'un pere, plus cruel que tous mes ennemis,
Excitoit à la mort de son malheureux fils.
Enfin percé de coups j'allois perdre la vie,
Lorsqu'un gros de Romains sorti de la Syrie,
Justement indigné contre ces inhumains,
M'arracha tout sanglant de leurs barbares mains.
Arrivé, mais trop tard, vers les murs d'Artaxate,
Dans le juste dessein de venger Mithridate,
Ce même Corbulon, armé pour m'accabler,
Conserva l'ennemi qu'il venoit immoler.
De mon funeste sort touché sans me connoître,
Ou de quelque valeur que j'avois fait paroître,
Ce Romain, par des sois dignes de son grand
        cœur,
Me sauva malgré moi de ma propre fureur.
Sensible à sa vertu, mais sans reconnoissance,
Je lui cachai long-temps mon nom & ma naif-
        sance,
Traînant avec horreur mon destin malheureux,
Toujours persécuté d'un souvenir affreux,
Et pour comble de maux, dans le fond de mon
        ame
Brûlant plus que jamais d'une funeste flamme,
Que l'amour outragé, dans mon barbare cœur,
Pour prix de mes forfaits, rallume avec fureur;
Ranimant sans espoir, pour d'insensibles cen-
        dres,
De la plus vive ardeur les transports les plus ten-
        dres.
Ainsi dans les regrets, les remords & l'amour,

 Crai-

Craignant également & la nuit & le jour,
J'ai traîné dans l'Afie une vie importune :
Mais au feul Corbulon attachant ma fortune,
Avide de périls, & par un trifte fort
Trouvant toujours la gloire où j'ai cherché la
　　　　　　　　　　　　　　mort ;
L'efprit fans fouvenir de ma grandeur paffée,
Lorfque dix ans fembloient l'en avoir effacée,
J'apprends que l'Arménie, après différens choix,
Alloit bientôt paffer fous d'odieufes loix ;
Que mon pere, en fecret méditant fa conquéte,
D'un nouveau Diadême alloit ceindre fa tête.
Je fentis à ce bruit ma gloire & mon courroux
Réveiller dans mon cœur des fentimens jaloux.
Enfin, à Corbulon je me fis reconnoître.
Contre un pere inhumain trop irrité peut être,
A mon tour en fecret jaloux de fa grandeur,
Je me fis des Romains nommer l'Ambaffadeur.

HIERON.

Seigneur, & fous ce nom quelle eft votre efpé-
　　　　　　　　　　　　　　rance ?
Quels projets peut ici former votre vengeance ?
Avez-vous oublié dans quel affreux danger
Vous a précipité l'ardeur de vous venger ?
Gardez-vous d'écouter un tranfport téméraire.
Chargé de tant d'horreurs, que prétendez-vous
　　　　　　　　　　　　　　faire ?

RHADAMISTHE.

Et que fçai je, Hieron ? furieux, incertain,
Criminel fans penchant, vertueux fans deffein,
Jouet infortuné de ma douleur extrême,
Dans l'état où fe fuis me connois-je moi-
　　　　　　　　　　　　　　même ?
　　　　　　　　　　　　　　Mon

Mon cœur de soins divers sans cesse combattu,
Ennemi du forfait sans aimer la vertu,
D'un amour malheureux déplorable victime,
S'abandonne aux remords sans renoncer au cri-
          me.
Je cede au repentir, mais sans en profiter;
Et je ne me connois que pour me détester.
Dans ce cruel séjour sçai-je ce qui m'entraîne,
Si c'est le désespoir, ou l'amour, ou la haine?
J'ai perdu Zenobie: après ce coup affreux,
Peux-tu me demander encor ce que je veux?
Désespéré, proscrit, abhorrant la lumiere,
Je voudrois me venger de la Nature entiere.
Je ne sçai quel poison se répand dans mon cœur:
Mais jusqu'à mes remords tout y devient fureur.
Je viens ici chercher l'Auteur de ma misere;
Et la Nature en vain me dit que c'est mon pere.
Mais c'est peut-être ici que le Ciel irrité
Veut se justifier de trop d'impunité:
C'est ici que m'attend le trait inévitable,
Suspendu trop long-temps sur ma tête coupable:
Et plût aux Dieux cruels que ce trait suspendu
Ne fût pas en effet plus long-temps attendu!

HIERON.

Fuyez, Seigneur, fuyez de ce séjour funeste,
Loin d'attirer sur vous la colere céleste.
Que la Nature au moins calme votre courroux:
Songez que dans ces lieux tout est sacré pour
          vous:
Que s'il faut vous venger, c'est loin de l'Ibérie.
Reprenez avec moi le chemin d'Arménie.

R H A D A M I S T H E.

Non, non, il n'eſt plus temps : il faut remplir
                  mon ſort,
Me venger, ſervir Rome, ou courir à la mort.
Dans ſes deſſeins toujours à mon pere contraire,
Rome de tous ſes droits m'a fait dépoſitaire;
Sûre, pour rétablir ſon pouvoir & le mien,
Contre un Roi qu'elle craint que je n'oublierai
                  rien.
Rome veut éviter une guerre douteuſe,
Pour elle contre lui plus d'une fois honteuſe;
Conſerver l'Arménie, ou par des ſoins jaloux
En faire un vrai flambeau de diſcorde entrenous.
Par un don de Céſar je ſuis Roi d'Arménie,
Parcequ'il croit par moi détruire l'Ibérie.
Les fureurs de mon pere ont aſſez éclaté,
Pour que Rome entre nous ne craigne aucun
                  Traité.
Tels ſont les hauts projets dont ſa grandeur ſe
                  pique :
Des Romains ſi vantés telle eſt la politique :
C'eſt ainſi qu'en perdant le pere par le fils,
Rome devient fatale à tous ſes ennemis.
Ainſi, pour affermir une injuſte puiſſance,
Elle oſe confier ſes droits à ma vengeance,
Et ſous un nom ſacré m'envoyer en ces lieux,
Moins comme Ambaſſadeur, que comme un fu-
                  rieux,
Qui, ſacrifiant tout au tranſport qui le guide,
Peut porter ſa fureur juſques au parricide.
J'entrevois ſes deſſeins : mais mon cœur irrité
Se livre au déſeſpoir dont il eſt agité.
C'eſt ainſi qu'ennemi de Rome & des Iberes,
                  Je

Je revois aujourd'hui le Palais de mes peres.
HIERON.
Député comme vous, mais par un autre choix,
L'Arménie à mes soins a confié ses droits.
Je venois de sa part offrir à votre frere
Un Trône où malgré nous veut monter votre
pere:

Et je viens annoncer à ce superbe Roi,
Qu'en vain à l'Arménie il veut donner la loi.
Mais ne craignez-vous pas que malgré votre ab-
sence. . . . . .

RHADAMISTHE.
Le Roi ne m'a point vû dès ma plus tendre en-
fance;

Et la Nature en lui ne parle point assez,
Pour rappeller des traits des long-temps effacés.
Je n'ai craint que tes yeux; & sans mes soins
peut-être,

Malgré ton amitié, tu m'allois méconnoître.
Le Roi vient. Que mon cœur à ce fatal abord
A de peine à dompter un funeste transport!
Surmontons cependant toute sa violence,
Et d'un Ambassadeur employons la prudence.

SCENE II.
PHARASMANE, RHADAMISTHE, HIERON, MITRANE, HIDASPE, GARDES.

RHADAMISTHE.

UN Peuple triomphant, Maître de tant de
Rois,
Qui

Qui vers vous en ces lieux daigne emprunter
　　　　　　　　　　ma voix,
De vos desseins secrets instruit comme vous-
　　　　　　　　　　même,
Vous annonce aujourd'hui sa volonté suprême.
Ce n'est pas que Neron, de sa grandeur jaloux,
Ne sçache ce qu'il doit à des Rois tels que vous:
Rome n'ignore pas à quel point la victoire
Parmi les noms fameux éleve votre gloire:
Ce Peuple enfin si fier, & tant de fois vainqueur,
N'en admire pas moins votre haute valeur.
Mais vous sçavez aussi jusqu'où va sa puissance:
Ainsi gardez-vous bien d'exciter sa vengeance.
Alliée, ou plutôt sujette des Romains,
De leur choix l'Arménie attend ses Souverains:
Vous le sçavez, Seigneur; & du pied du Cau-
　　　　　　　　　　case
Vos Soldats cependant s'avancent vers le Phase:
Le Cyrus sur ses bords, chargés de combattans,
Fait voir de toutes parts vos étendarts flottans.
Rome, de tant d'apprêts qui s'indigne & se lasse,
N'a point accoutumé les Rois à tant d'audace.
Quoique Rome peut-être, au mépris de ses
　　　　　　　　　　droits,
N'ait point interrompu le cours de vos exploits;
Qu'elle ait abandonné Tigrane & la Médie:
Elle ne prétend point vous céder l'Arménie.
Je vous déclare donc que César ne veut pas
Que vers l'Araxe enfin vous adressiez vos pas.

PHARASMANE.

Quoique d'un vain discours je brave la menace,
Je l'avouerai, je suis surpris de votre audace.

　　　　　　　　　　　　De

De quel front osez-vous, Soldat de Corbulon,
M'apporter dans ma Cour les ordres de Neron?
Et depuis quand croit-il qu'au mépris de ma
                                        gloire,
A ne plus craindre Rome instruit par la victoire,
Oubliant désormais la suprême grandeur,
J'aurai plus de respect pour son Ambassadeur?
Moi, qui formant au joug des Peuples invinci-
                                        bles,
Ai tant de fois bravé ces Romains si terribles;
Qui fais trembler encor ces fameux Souverains,
Ces Parthes aujourd'hui la terreur des Romains.
Ce Peuple triomphant n'a point vû mes images
A la suite d'un char en bute à ses outrages.
La honte que sur lui répandent mes Exploits
D'un airain orgueilleux a bien vengé des Rois.
Mais quel soin vous conduit en ce pays barba-
                                        re?
Est-ce la guerre enfin que Neron me déclare?
Qu'il ne s'y trompe point : la pompe de ces
                                        lieux,
Vous le voyez assez, n'éblouït point les yeux.
Jusques aux Courtisans qui me rendent homma-
                                        ge,
Mon Palais, tout ici n'a qu'un faste sauvage :
La Nature, marâtre en ces affreux climats,
Ne produit au lieu d'or, que du fer, des Sol-
                                        dats :
Son sein tout hérissé n'offre aux desirs de l'hom-
                                        me
Rien qui puisse tenter l'avarice de Rome.
Mais, pour trancher ici d'inutiles discours,
Rome de mes projets peut traverser le cours.
                                        Et

Et pourquoi, s'il eſt vrai qu'elle en ſoit infor-
                                          mée,
N'a-t-elle pas encore aſſemblé ſon Armée?
Que font vos Légions? Ces ſuperbes Vain-
                                        queurs
Ne combattent-ils plus que par Ambaſſadeurs?
C'eſt la flamme à la main qu'il faut dans l'Ibérie
Me diſtraire du foin d'entrer dans l'Arménie,
Non par de vains diſcours, indignes des Ro-
                                        mains,
Quand je vais par le fer m'en ouvrir les chemins,
Et peut-être bien plus, dédaignant Artaxate;
Défier Corbulon juſqu'aux bords de l'Euphrate.

HIERON.

Quand même les Romains, attentifs à nos Loix,
S'en remettroient à nous pour le choix de nos
                                        Rois,
Seigneur, n'eſpérez pas, au gré de votre envie,
Faire en votre faveur expliquer l'Armenie.
Les Parthes envieux, & les Romains jaloux,
De toutes parts bientôt armeroient contre nous.
L'Arménie, occupée à pleurer ſa miſere,
Ne demande qu'un Roi qui lui ſerve de pere.
Nos peuples déſolés n'ont beſoin que de paix;
Et ſous vos loix, Seigneur, nous ne l'aurions
                                        jamais.
Vous avez des vertus qu'Artaxate reſpecte :
Mais votre ambition n'en eſt pas moin ſuſpecte.
Et nous ne ſoupirons qu'après des Souverains,
Indifférens au Parthe, & ſoumis aux Romains.
Sous votre Empire enfin prétendre nous rédui-
                                        re,
                    C'eſt

C'est moins nous conquérir, que vouloir nous
                                       détruire.

PHARASMANE.

Dans ce discours rempli de prétextes si vains,
Dicté par la raison, moins que par les Romains,
Je n'entrevois que trop l'intérêt qui vous gui-
                                          de.
Eh bien! puisqu'on le veut que la guerre en dé-
                                          cide.
Vous apprendrez bien-tôt qui de Rome, ou de
                                          moi,
Dut prétendre, Seigneur, à vous donner la loi;
Et malgré vos frayeurs & vos fausses maximes,
Si quelqu'autre eut sur vous des droits plus lé-
                                       gitimes.
Et qui doit succéder à mon frere, à mon fils?
A qui des droits plus saints ont-ils été transmis?

RHADAMISTHE.

Quoi! vous, Seigneur, qui seul causâtes leur
                                       ruine!
Ah! doit-on hériter de ceux qu'on assassine!

PHARASMANE.

Qu'entends-je! dans ma Cour on ose m'insulter
Hola, Gardes . . . . .

HIERON.

        Seigneur, qu'osez-vous attenter?

PHARASMANE.

Rendez graces au nom dont Neron vous ho-
                                       nore
                                       Sans

Sans ce nom si sacré que je respecte encore,
En dusse-je périr, l'affront le plus sanglant
Me vengeroit bien-tôt d'un Ministre insolent.
Malgré la dignité de votre caractere,
Croyez-moi cependant, évitez ma colere :
Retournez dès ce jour apprendre à Corbulon,
Comme on reçoit ici les ordres de Neron.

SCENE III.
RHADAMISTHE, HIERON.

HIERON.

Qu'avez-vous fait, Seigneur? Quand vous
         devez tout craindre . . . .

RHADAMISTHE.

Hieron, que veux-tu? Je n'ai pû me con-
                                    traindre.
D'ailleurs, en l'aigrissant j'assure mes desseins ;
Par un pareil éclat j'en impose aux Romains.
Pour remplir les projets que Rome me confie,
Il ne me reste plus qu'à troubler l'Ibérie ;
Qu'à former un parti qui retienne en ces lieux
Un Roi que ses exploits rendent trop orgueil-
                                      leux.
Indociles au joug que Pharasmane impose,
Rebutés de la guerre où lui seul les expose,
Ses Sujets en secret sont tous ses ennemis.
Achevons contre lui d'irriter les esprits ;
Et pour mieux me venger des fureurs de mon
                                      pere,
Tâchons dans nos desseins d'interesser mon
                                      frere.
                                        Je

Je sçais un sûr moyen pour surprendre sa foi,
Dans le crime du moins engageons-le avec moi.
Un Roi, pere cruel, & tyran tout ensemble,
Ne mérite en effet qu'un sang qui lui ressemble.

FIN DU SECOND ACTE.

ACTE III.
SCENE PREMIERE.
RHADAMISTHE *seul.*

MOn frere me demande un secret entre-
tien !
Dieux ! me connoîtroit-il ? Quel dessein est le
sien ?
N'importe, il faut le voir.   Je sens que ma ven-
geance
Commence à se flater d'une douce espérance.
Il ne peut en secret s'exposer à me voir,
Que réduit par un pere à trahir son devoir.
On ouvre : je le vois.   Malheureuse victime !
Je ne suis pas le seul qu'un Roi cruel opprime.

SCENE II.
RHADAMISTHE, ARSAME.
ARSAME.

SI j'en crois le courroux qui se lit dans ses
yeux,
Peu content des Romains le Roi quitte ces lieux.

C

Je

Je connois trop l'orgueil du fang qui m'a fait
                        naître,
Pour croire qu'à fon tour Rome ait fujet de
                        l'être.
Seigneur, fans abufer de votre dignité,
Puis-je fur ce foupçon parler en fûréte?
Puis-je efpérer que Rome exauce ma priere,
Et ne confonde point le fils avec le pere?

RHADAMISTHE.

Quoiqu'il ait violé le refpect qui m'eft dû,
Attendez tout de Rome & de votre vertu :
Ce n'eft pas d'aujourd'hui que Rome la refpecte.

ARSAME.

Ah! que cette vertu va vous être fufpecte!
Que je crains de détruire en ce même entretien
Tout ce que vous penfez d'un cœur comme le
                        mien!
En effet, quel que foit le regret qui m'accable,
Je fens bien que ce cœur n'en eft pas moins cou-
                        pable :
Et de quelques remords que je fois combattu,
Qu'avec plus d'appareil c'eft trahir ma vertu.
Dès qu'entre Rome & nous la guerre fe dé-
                        clare,
Que même avec éclat mon pere s'y prépare,
Je fçais que je ne puis vous parler, ni vous voir,
Sans trahir à la fois mon pere & mon devoir
Je le fçais; cependant plus criminel encore,
C'eft votre pitié feule aujourd'hui que j'implore.
Un pere rigoureux, de mon bonheur jaloux,
Me force en ce moment d'avoir recours à vous.
Pour me juftifier lorfque tout me condamne,
                        Je

Je ne veux point, Seigneur, vous peignant Pha-
￼￼￼￼￼￼￼￼rafmane,
épandre fur fa vie un venin dangereux.
on, quoiqu'il foit pour moi fi fier, fi rigoureux,
Quoique de fon courroux je fois feul la victime,
l n'en eft pas pour moi moins grand, moins
magnanime.
a Nature, il eft vrai, d'avec fes ennemis
'a jamais dans fon cœur fçû diftinguer fes fils.
e ne fuis pas le feul de ce fang invincible
u'ait profcrit en naiffant fa rigueur inflexible.
'eus un frere, Seigneur, illuftre & généreux.
igne par fa valeur du fort le plus heureux.
Que je regrette encor fa trifte deftinée !
Et jamais il n'en fut de plus infortunée.
n pere, conjuré contre fon propre fang,
ui-même lui porta le couteau dans le flanc.
e ce jeune Héros partageant la difgrace,
Peut-être qu'aujourd'hui même fort me menace :
lus coupable en effet, n'en attends-je pas
moins :
Mais ce n'eft pas, Seigneur, le plus grand de
mes foins.
on, la mort déformais n'a rien qui m'intimide,
u'un foin bien différent & m'agite & me guide !

RHADAMISTHE.

Quels que foient vos deffeins, vous pouvez fans
effroi,
ûr d'un appui facré, vous confier à moi.

Plus

Plus indigné que vous contre un barbare pere,
Je fens à fon nom feul redoubler ma colere.
Touché de vos vertus, & tout entier à vous,
Sans fçavoir vos malheurs je les partage tous.
Vous calmeriez bientôt la douleur qui vous
                                        preffe,
Si vous fçaviez pour vous jufqu'où je m'inté-
                                         reffe.
Parlez, Prince : faut-il contre un pere inhu-
                                         main
Armer avec éclat tout l'Empire Romain ?
Soyez fûr qu'avec vous mon cœur d'intelligen-
                                         ce
Ne refpire aujourd'hui qu'une même vengeance.
S'il ne faut qu'attirer Corbulon en ces lieux,
Quels que foient vos projets, j'ofe attefter les
                                         Dieux
Que nous aurons bientôt fatisfait votre envie,
Fallût-il pour vous feul conquérir l'Arménie ?

ARSAME.

Que me propofez-vous ! quels confeils ! ah !
                                     Seigneur,
Que vous pénétrez mal dans le fond de mon
                                         cœur!
Qui moi, que trahiffant mon pere & ma patrie,
J'attire les Romains au fein de l'Iberie !
Ah ! fi jufqu'à ce point il faut trahir ma foi,
Que Rome en ce moment n'attende rien de moi.
Je n'en exige rien dès qu'il faut par un crime
Acheter un bienfait que j'ai cru légitime :
Et je vois bien, Seigneur, qu'il me faut aujour-
                                         d'hui

                                         Pour

Pour des infortunés chercher un autre appui.
Je croyois, ébloüi de ses titres suprêmes,
Rome utile aux Mortels autant que les Dieux
                                        mêmes.
Et pour en obtenir un secours généreux,
J'ai cru qu'il suffisoit que l'on fût malheureux :
J'ose le croire encore ; & sur cette espérance,
Souffrez que des Romains j'implore l'assistance :
C'est pour une captive asservie à nos loix,
Qui, pour vous attendrir, a recours à ma voix,
C'est pour une captive aimable, infortunée,
Digne par ses appas d'une autre destinée :
Enfin par ses vertus à juger de son rang,
On ne sortit jamais d'un plus illustre sang.
C'est vous instruire assez de sa haute naissan-
                                        ce.
Que d'intéresser Rome à prendre sa défense.
Elle veut même ici vous parler sans témoins ;
Et jamais on ne fut plus digne de vos soins.
Pharasmane, entraîné par un amour funeste,
Veut me ravir, Seigneur, ce seul bien qui me
                                        reste ;
Le seul où je faisois consister mon bonheur,
Et le seul que pouvoit lui disputer mon cœur.
Ce n'est pas que plus fier d'un secours que j'es-
                                        pere,
Je prétende à mon tour l'enlever à mon pere :
Quand même il céderoit sa captive à mes feux,
Mon sort n'en seroit pas plus doux, ni plus heu-
                                        reux.
Je ne veux qu'éloigner cet objet que j'adore,
Et même sans espoir de le revoir encore.

RHADAMISTHE.

Suivi de peu des miens, fans pouvoir où je fuis,
Vous offrir un afyle eft tout ce que je puis.

ARSAME.

Et tout ce que je veux. Mon ame eft fatisfaite.
Je vais tout difpofer, Seigneur, pour fa retrai-
te.
Je ne fçais : mais, preffé d'un mouvement fe-
cret,
J'abandonne Ifménie avec moins de regret.
Pour calmer la douleur de mon ame inquiette,
Il fuffit qu'en vos mains Arfame la remette :
Encor fi je pouvois aux dépens de mes jours
M'acquiter envers vous d'un généreux fecours :
Mais je ne puis offrir, dans mon malheur ex-
trême,
Pour prix d'un tel bienfait, que le bienfait lui-
même.

RHADAMISTHE.

Je n'en demande pas, cher Prince, un prix plus
doux :
Il eft digne de moi, s'il n'eft digne de vous.
Souffrez que déformais je vous ferve de frere.
Que je vous plains d'avoir un fi barbare pere !
Mais de fes vains tranfports pourquoi vous al-
larmer ?
Pourquoi quitter l'objet qui vous a fçû char-
mer ?
Daignez me confier & fon fort & le vôtre.
Dans un afyle fûr fuivez-moi l'un & l'autre.
Senfible à fes malheurs, je ne puis fans effroi
Aban-

Abandonner Arfame aux fureurs de fon Roi.
Prince, vous dédaignez un confeil qui vous
blefle:
Mais fi vous connoiffiez celui qui vous en pref_
fe. . . .

ARSAME.

Donnez, moi des confeils qui foient plus géné-
reux
Dignes de mon devoir, & dignes de tous deux.
Le Roi doit dès demain partir pour l'Arménie.
Il s'agit à fes vœux d'enlever Ifménie.
Mon pere en ce moment peut l'éloigner de nous;
Et fa captive en pleurs n'efpere plus qu'en vous:
Déja fur vos bontés pleine de confiance,
Elle attend votre vûe avec impatience.
Adieu, Seigneur, adieu: je craindrois de trou-
bler
Des fecrets qu'à vous feul elle veut révéler.

SCENE III.

RHADAMISTHE *feul.*

AInfi, pere jaloux, pere injufte & barbare,
C'eft contre tout ton fang que ton cœur fe dé-
clare!
Crains que ce même fang, tant de fois dédaigné,
Ne fe fouleve enfin de fa fource indigné;
Puifque déja l'Amour, maître du cœur d'Ar-
fame,
Y verfe le poifon d'une mortelle flamme.
Quel que foit le refpect de ce vertueux fils,
 Eft-

Eſt-il quelques Rivaux qui ne ſoient ennemis?
Non, il n'eſt point de cœur ſi grand, ſi magna-
                                            nime,
Qu'un amour malheureux n'entraîne dans le
                                            crime.
Mais je prétends en vain l'armer contre ſon
                                            Roi:
Mon frere n'eſt point fait au crime comme moi.
Méritois-tu, barbare, un fils auſſi fidele?
Ta rigueur ſemble encore en accroître le zele:
Rien ne peut ébranler ſon devoir ni ſa foi;
Et toujours plus ſoumis ... Quel exemple pour
                                            moi!
Dieux, de tant de vertus n'ornez-vous donc
                                       mon frere,
Que pour me rendre ſeul trop ſemblable à mon
                                            pere!
Que prétend la fureur dont je ſuis combattu?
D'un fils reſpectueux ſéduire la vertu!
Imitons-là plutôt, cédons là la Nature.
N'en ai-je pas aſſez étouffé le murmure?
Que dis-je? dans mon cœur, moins rébelle à
                                       ſes loix,
Dois-je plutôt qu'un pere en étouffer la voix?
Peres cruels, vos droits ne ſont-ils pas les nô-
                                            tres?
Et nos devoirs ſont-ils plus ſacrés que les vô-
                                            tres?
On vient; c'eſt Hieron.

SCE-

SCENE IV.
RHADAMISTHE, HIERON.

RHADAMISTHE.

Cher ami, c'en est fait :
Mes efforts redoublés ont été sans effet.
Tout malheureux qu'il est, le vertueux Arsame
Presque sans murmurer voit traverser sa flam-
me.
Et qu'en attendre encor quand l'Amour n'y
peut rien !
Hieron, que son cœur est différent du mien !
J'ai perdu tout espoir de troubler l'Ibérie ;
Et le Roi va bientôt partir pour l'Arménie.
Devançons-y ses pas, & courons achever
Des forfaits que le sort semble me réserver.
Pour partir avec toi je n'attends qu'Isménie.
Tu sçais qu'à Pharasmane elle doit être unie.

HIERON,

Quoi, Seigneur !

RHADAMISTHE.

Elle peut servir à mes desseins.
Elle est d'un sang, dit-on, allié des Romains.
Pourrois-je refuser à mon malheureux frere
Un secours qui commence à me la rendre che-
re ?
D'ailleurs, pour l'enlever ne me suffit-il pas
Que mon pere cruel brûle pour ses appas ?
C'est un garant pour moi : je veux ici l'atten-
dre.

Dai-

Daigne obferver des lieux où l'on peut nous fur-
prendre.

Adieu, je crois la voir : favorife mes foins,
Et me laiffe avec elle un moment fans témoins.

SCENE IV.

RHADAMISTHE, ZENOBIE.

ZENOBIE.

SEigneur, eft-il permis à des infortunées,
Qu'au joug d'un fier Tyran le fort tient enchaî-
nées,

D'ofer avoir recours, dans la honte des fers,
A ces mêmes Romains maîtres de l'Univers ?
En effet, quel emploi pour ces Maîtres du mon-
de,

Que le foin d'adoucir ma mifere profonde !
Le Ciel qui foumit tout à leurs auguftes Loix….

RHADAMISTHE.

Que vois-je ? Ah, malheureux ! quels traits!
quel fon de voix!

Juftes Dieux ! Quel objet offrez-vous à ma vue ?

ZENOBIE.

D'où vient à mon afpect que votre ame eft é-
mue,

Seigneur ?

RHADAMISTHE.

Ah ! fi ma main n'eût pas privé du jour…

ZE-

ZENOBIE.

Qu'entends-je? Quels regrets! & que vois-je
à mon tour?
Triste ressouvenir! je frémis! je frissonne!
Où suis-je? Et quel objet! La force m'abandonne.
Ah! Seigneur, dissipez mon trouble & ma terreur.
Tout mon sang est glacé jusqu'au fond de mon
cœur.

RHADAMISTHE.

Ah! je n'en doute plus au transport qui m'ani-
me.
Ma main, n'as-tu commis que la moitié du cri-
me?
Victime d'un cruel contre vous conjuré,
Triste objet d'un amour jaloux, désespéré,
Que ma rage a poussé jusqu'à la barbarie,
Après tant de fureurs, est-ce vous, Zenobie?

ZENOBIE.

Zenobie! ah! grands Dieux! Cruel, mais cher
Epoux!
Après tant de malheurs, Rhadamisthe, est-ce
vous?

RHADAMISTHE.

Se peut-il que vos yeux le puissent méconnoître?
Oui, je suis ce cruel, cet inhumain, ce traître,
Cet époux meurtrier. Plût au Ciel qu'aujour-
d'hui

Vous

Vous euffiez oublié fes crimes avec lui!
O Dieux! qui la rendez à ma douleur mortelle,
Que ne lui rendez-vous un Epoux digne d'elle!
Par quel bonheur le Ciel, touché de mes re-
grets,
Me permet-il encor de revoir tant d'attraits?
Mais hélas! fe peut-il qu'à la Cour de mon pe-
re
Je trouve dans les fers une Epoufe fi chere?
Dieux! n'ai-je pas affez gémi de mes forfaits,
Sans m'accabler encor de ces triftes objets?
O de mon défefpoir victime trop aimable,
Que tout ce que je vois rend votre Epoux cou-
pable!
Quoi! vous verfez des pleurs?

Z E N O B I E.

Malheureufe! Et comment
N'en répandrois-je pas dans ce fatal moment?
Ah! cruel! plût aux Dieux qué ta main ennemie
N'eût jamais attenté qu'aux jours de Zenobie!
Le cœur à ton afpect défarmé de courroux,
Je ferois mon bonheur de revoir mon Epoux;
Et l'amour, s'honorant de ta fureur jaloufe,
Dans tes bras avec joie eût remis ton Epoufe.
Ne crois pas cependant que pour toi fans pitié,
Je puiffe te revoir avec inimitié.

R H A D A M I S T H E.

Quoi! loin de m'accabler, grands Dieux! c'eft
Zenobie
Qui craint de me haïr, & qui s'en juftifie!
Ah! punis-moi plutôt: ta funefte bonté
Même

Même en me pardonnant tient de ma cruauté.
N'épargne point mon sang, cher objet que j'a-
                                        dore,
Prive-moi du bonheur de te revoir encore.

Il se jette à ses genoux.

Faut-il pour t'en presser embrasser tes genoux ?
Songe au prix de quel sang je devins ton Epoux.
Jusques à mon amour tout veut que je périsse.
Laisser le crime en paix, c'est s'en rendre com-
                                        plice.
Frappe : mais souviens-toi que malgré ma fu-
                                        reur
Tu ne sortis jamais un moment de mon cœur :
Que si le repentir tenoit lieu d'innocence,
Je n'exciterois plus ni haine, ni vengeance :
Que malgré le courroux qui te doit animer,
Ma plus grande fureur fut celle de t'aimer.

ZENOBIE.

Leve-toi : c'en est trop, puisque je te pardonne.
Que servent les regrets où ton cœur s'abandon-
                                        ne ?
Va, ce n'est pas à nous que les Dieux ont remis
Le pouvoir de punir de si chers ennemis.
Nomme-moi les climats où tu souhaites vivre ;
Parle : dès ce moment je suis prête à te suivre.
Sûre que les remords qui saisissent ton cœur
Naissent de ta vertu, plus que de ton malheur.
Heureuse, si pour toi les soins de Zenobie
Pouvoient un jour servir d'exemple à l'Arménie,
La rendre comme moi soumise à ton pouvoir,
Et l'instruire du moins à suivre son devoir.

RHA-

RHADAMISTHE.

Jufte Ciel! fe peut-il que des nœuds légitimes
Avec tant de vertus uniffent tant de crimes!
Que l'hymen affocie au fort d'un furieux
Ce que de plus parfait firent naître les Dieux!
Quoi! tu peux me revoir fans que la mort d'un
pere,
Sans que mes cruautés, ni l'amour de mon frere,
Ce Prince, cet Amant fi grand, fi généreux,
Te faffent détefter un époux malheureux?
Et je puis me flater qu'infenfible à fa flamme,
Tu dédaignes les vœux du vertueux Arfame?
Que dis-je? trop heureux que pour moi dans
ce jour,
Le devoir dans ton cœur me tienne lieu d'amour.

ZENOBIE.

Calme les vains foupçons dont ton ame eft faifie,
Ou cache-m'en du moins l'indigne jaloufie:
Et fouviens-toi qu'un cœur qui peut te pardon.
ner,
Eft un cœur que fans crime on ne peut foupçon-
ner.

RHADAMISTHE.

Pardonne, chere Epoufe, à mon amour funefte,
Pardonne des foupçons que tout mon cœur dé-
tefte . . . .
Plus ton barbare Epoux eft indigne de toi,
Moins tu dois t'offenfer de fon injufte effroi.
Rends-moi ton cœur, ta main, ma chere Ze-
nobie,
Et daigne dès ces jour me fuivre en Arménie:

Céfar

Céfar m'en a fait Roi. Viens me voir défor-
                                        mais
A force de vertus effacer mes forfaits.
Hieron eft ici: c'eft un fujet fidele:
Nous pouvons confier notre fuite à fon zele.
Auffitôt que la nuit aura voilé les Cieux,
Sûre de me revoir viens m'attendre en ces lieux.
Adieu. N'attendons pas qu'un ennemi barbare,
Quand le Ciel nous rejoint, pour jamais nous
                                        fépare.
Dieux! qui me la rendez pour combler mes
                                        fouhaits,
Daignez me faire un cœur digne de vos bien-
                                        faits!

FIN DU TROISIEME ACTE.

ACTE IV.

SCENE PREMIERE.

ZÉNOBIE, PHENICE.

PHENICE.

AH! Madame, arrêtez. Quoi! ne pourrai-
                                je apprendre
Qui fait couler les pleurs que je vous vois ré-
                                        pandre?
Après tant de fecrets confiés à ma foi,
En avez - vous encor qui ne foient pas pour
                                        moi?
                                        Ar-

Arfame va périr.   Vous foupirez, Madame!
Plaindriez - vous le fort du généreux Arfame?
Fait - il couler les pleurs dont vos yeux font
                                        baignés?
Il part; & prévenu que vous le dédaignez,
Ce Prince malheureux , banni de l'Ibérie,
Va pleurer à Colchos la perte d'Ifménie.

ZENOBIE.

Loin de te confier mes coupables douleurs,
Que n'en puis-je effacer la honte par mes pleurs?
Phenice, laiffe - moi: je ne veux plus t'enten-
                                        dre.
L'Ambaffadeur Romain près de moi va fe ren-
                                        dre:
Laiffe - moi feule.

SCENE II.

ZENOBIE *feule*.

OU vais-je? Et quel eft mon
                        efpoir?
Imprudente, où m'entraîne un aveugle devoir?
Je devance la nuit: pour qui? Pour un parjure
Qu'a profcrit dans mon cœur la voix de la Na-
                                        ture.
Ai-je donc oublié que fa barbare main
Fit tomber tous les miens fous un fer affaffin?
Que dis-je? Le cœur plein de feux illégitimes,
Ai-je affez de vertu pour lui trouver des cri-
                                        mes?
Et me paroîtroit - il fi coupale en ce jour,
Si je ne brûlois pas d'un criminel amour?
                                        Etouf-

Etouffons fans regret une honteufe flamme.
C'eft à mon Epoux feul à régner fur mon ame.
Tout barbare qu'il eft, c'eft un préfent des
　　　　　　　　　　　　　Dieux,
Qu'il ne m'eft pas permis de trouver odieux.
Hélas ! malgré mes maux, malgré fa barbarie,
Je n'ai pû le revoir fans en être attendrie.
Que l'hymen eft puiffant fur les cœurs ver-
　　　　　　　　　　　　　tueux !
On vient. Dieux ! quel objet offrez-vous à
　　　　　　　　　　　　　mes yeux ?

SCENE III.

ZENOBIE, ARSAME.

ARSAME.

Et quoi ! je vous revois ! c'eft vous - méme,
　　　　　　　　　　　　　Madame !
Quel Dieu vous rend aux vœux du malheureux
　　　　　　　　　　　　　Arfame ?

ZENOBIE.

Ah ! fuyez-moi, Seigneur ; il y va de vos jours.

ARSAME.

Dût mon pere cruel en terminer le cours,
Hélas ! quand je vous perds, adorable Ifménie,
Voudrois-je prendre encor quelque part à la vie ?
Accablé de mes maux, je ne demande aux
　　　　　　　　　　　　　Dieux
Que la trifte douceur d'expirer à vos yeux,
Le cœur auffi touché de perdre ce que j'aime,
Que fi vous répondiez à mon amour extrême,

DJe

Je ne veux que mourir. Je vois couler des
pleurs:
Madame, feriez-vous fenfible à mes malheurs?
Le fort le plus affreux n'a plus rien qui m'é-
tonne:

ZENOBIE.

Ah! loin qu'à votre amour votre cœur s'aban-
donne,
Vous voyez & mon trouble, & l'état où je
fuis:
Seigneur, ayez pitié de mes mortels ennuis.
Fuyez; n'irritez point le torment qui m'acca-
ble.
Vous avez un rival, mais le plus redoutable.
Ah! s'il vous furprenoit en ce funefte lieu,
J'en mourrois de douleur. Adieu, Seigneur,
adieu.
Si fur vous ma priere eut jamais quelque em-
pire,
Loin d'en croire aux tranfports que l'amour vous
infpire. , . .

ARSAME.

Quel eft donc ce rival fi terrible pour moi?
En ai-je à craindre encor quelqu'autre que le
Roi?

ZENOBIE.

Sans vouloir pénétrer un fi trifte myftere,
N'en eft-ce pas affez, Seigneur, que votre pere?
Fuyez, Prince, fuyez; rendez-vous à mes
pleurs.

Sa-

Satisfait de me voir fenfible à vos malheurs,
Partez, éloignez-vous, trop généreux Arfame.

ARSAME.

Un infidele Ami trahiroit-il ma flamme?
Dieux ! quel trouble s'éleve en mon cœur al-
                                            larmé!
Quoi ! toujours des rivaux, & n'être point ai-
                                            mé!
Belle Ifménie, en vain vous voulez que je fuie:
Je ne le puis, duffé-je en perdre ici la vie.
Je vois couler des pleurs qui ne font pas pour
                                            moi.
Quel eft donc ce rival ? Diffipez mon effroi.
D'où vient qu'en ce Palais je vous retrouve en-
                                            core?
Me refuferoit-on un fecours que j'implore?
Les perfides Romains m'ont-ils manqué de foi?
Ah ! daignez m'éclaircir du trouble où je vous
                                            voi:
Parlez, ne craignez pas de laffer ma conftance.
Quoi! vous ne romprez point ce barbare filen-
                                            ce!
Tout m'abandonne-t-il en ce funefte jour?
Dieux ! eft-on fans pitié, pour être fans amour?

ZENOBIE.

Eh bien ! Seigneur ! eh bien ! il faut vous fatif-
                                            faire:
Je me dois plus qu'à vous cet aveu néceffaire.
Ce feroit mal répondre à vos foins généreux,
Que d'abufer encor votre amour malheureux.
Le fort a difpofé de la main d'Ifménie.

ARSAME.

Jufte Ciel !

ZENOBIE.

Et l'époux à qui l'hymen me lie
Eft ce même Romain dont vos foins aujour-
d'hui
Ont imploré pour moi le fecours & l'appui.

ARSAME.

Ah ! dans mon défefpoir, fût-ce Céfar lui-même. . . . .

ZENOBIE.

Calmez de ce tranfport la violence extrême.
Mais c'eft trop l'expofer à votre inimité :
Moins digne de courroux, que digne de pitié,
C'eft un rival, Seigneur, quoique pour vous
terrible,
Qui n'éprouvera point votre cœur infenfible,
Qui vous eft attaché par les nœuds les plus
doux :
Rhadamifthe, en un mot.

ARSAME.

Mon frere !

ZENOBIE

Et mon époux.

ARSAME.

Vous, Zenobie ! ô Ciel ! Etoit-ce dans mon
ame
Où devoit s'allumer une coupable flamme ?
Après ce que j'éprouve, ah ! quel cœur défor-
mais
Ofe-

Oſera ſe flater d'être exempt de forfaits ?
Madame, quel ſecret venez-vous de m'appren-
dre ?
Réſerviez-vous ce prix à l'amour le plus tendre ?
ZENOBIE.
J'ai réſiſté, Seigneur, autant que je l'ai pû :
Mais puiſque j'ai parlé, reſpectez ma vertu.
Mon nom ſeul vous apprend ce que vous devez
faire ;
Mon ſecret échapé, votre amour doit ſe taire.
Mon cœur de ſon devoir fut toujours trop ja-
loux . . . .
Quelqu'un vient. Ah ! fuyez, Seigneur, c'eſt
mon époux.

SCENE IV.

RHADAMISTHE, ZENOBIE, ARSAME, HIERON.

RHADAMISTHE.

à part.
QUe vois-je ? Quoi ! mon frere . . . . Hie-
ron, va m'attendre.
D'un trouble affreux mon cœur a peine à ſe dé-
fendre.
Madame, tout eſt prêt : les ombres de la nuit
Effaceront bientôt la clarté qui nous luit.
ZENOBIE.
Seigneur, puiſqu'à vos ſoins déſormais je me
livre,
Rien ne m'arrête ici, je ſuis prête à vous ſuivre.
D 3

Seul

Seul maître de mon fort, quels que foient les
climats,

Où le Ciel avec vous veuille guider mes pas,
Vous pouvez ordonner, je vous fuis.

R H A D A M I S T H E à part.

à Arfame.   Ah! perfide!

Prince, je vous ai cru parti pour la Colchide.
Trop inftruit des tranfports d'un pere furieux,
Je ne m'attendois pas à vous voir en ces lieux:
Mais, fi prêt de quitter pour jamais Ifménie,
Vous vous occupez peu du foin de votre vie;
Et d'un pere cruel quel que foit le courroux,
On s'oublie aifément en des momens fi doux.

A R S A M E.

Lorfqu'il faut au devoir immoler fa tendreffe,
Un cœur s'allarme peu du péril qui le preffe;
Et ces momens fi doux, que vous me repro-
chez,
Coûtent bien cher aux cœurs que l'Amour a
touchés.
Je vois trop qu'il eft temps que le mien y re-
nonce;
Quoi qu'il en foit, du moins votre cœur me
l'annonce:
Mais avant que la nuit vous éloigne de nous,
Permettez - moi, Seigneur, de me plaindre de
vous.
A qui dois - je imputer un difcours qui me glace?
Qui peut d'un tel accueil m'attirer la difgrace?
Ce jour même, ce jour, il me fouvient qu'ici
Votre vive amitié ne parloit pas ainfi.
Ce rival, qu'avec foin on me peint inflexible,
N'eft

N'est pas de mes rivaux, Seigneur, le plus ter-
rible ;
Et malgré son courroux, il en est aujourd'hui
Pour mes feux & pour moi de plus cruels que
lui.
Ce discours vous surprend : il n'est plus temps de
feindre :
La nature en mon cœur ne peut plus se con-
traindre.
Ah ! Seigneur, plût aux Dieux qu'avec la même
ardeur
Elle eût pû s'expliquer au fond de votre cœur.
On ne m'eût point ravi, sous un cruel myftere,
La douceur de connoître & d'embraffer mon
frere.
Ne vous dérobez point à mes embraffemens.
Pourquoi troubler, Seigneur, de si tendres mo-
mens ?
Ah ! revenez à moi sous un front moins févere,
Et ne m'accablez point d'une injufte colere.
Il est vrai, j'ai brûlé pour ses divins appas :
Mais, Seigneur, mais mon cœur ne la connoif-
foit pas.

R H A D A M I S T H E.

Dieux ! qu'est-ce que j'entends ! Quoi ! Prince,
Zenobie
Vient de vous confier le fecret de ma vie ?
Ce feeret de lui-même eft affez important,
Pour n'en point rendre ici l'aveu trop éclatant.
Vous connoiffez le prix de ce qu'on vous confie.
Et je crois votre cœur exempt de perfidie :
Je ne puis cependant approuver qu'à regret

D 4   Qu'on

Qu'on vous ait révélé cet important secret :
Du moins sans mon aveu l'on n'a point dû le
faire ;
A mon exemple enfin on devoit vous le taire ;
Et si j'avois voulu vous en voir éclairci,
Ma tendresse pour vous l'eût découvert ici.
Qui peut à son secret devenir infidele,
Ne peut, quoi qu'il en soit, n'être point crimi-
nelle.
Je connois, il est vrai, toute votre vertu :
Mais mon cœur de soupçons n'est pas moins
combattu.

A R S A M E.

Quoi ! la noire fureur de votre jalousie,
Seigneur, s'étend aussi jusques à Zenobie !
Pouvez-vous offenser. . . . .

Z E N O B I E.

Laissez agir, Seigneur,
Des soupçons en effet si dignes de son cœur.
Vous ne connoissez pas l'Epoux de Zenobie,
Ni les divers transports dont son ame est saisie.
Pour oser cependant outrager ma vertu,
Réponds - moi, Rhadamisthe ? Et de quoi te
plains- tu ?
De l'amour de ton frere : Ah ! barbare, quand
même,
Mon cœur eût pû se rendre à son amour extrê-
me ;
Le bruit de ton trépas confirmé tant de fois
Ne me laissoit-il pas maîtresse de mon choix ?
Que pouvoient te servir les droits d'un hymé-
née,
Que

Que vit rompre & former une même journée?
Ofe te prévaloir de ce funefte jour,
Où tout mon fang coula pour prix de mon
                                    amour.
Rappelle-toi le fort de ma famille entiere,
Songe au fang qu'a verfé ta fureur meurtriere:
Et confidere après fur quoi tu peux fonder
Et l'amour & la foi que j'ai dû te garder.
Il eft vrai, que fenfible aux malheurs de ton
                                   frere,
De ton fort & du mien j'ai trahi le myftere.
J'ignore fi c'eft-là le trahir en effet;
Mais fçache que ta gloire en fut le feul objet.
Je voulois de fes feux éteindre l'efpérance,
Et chaffer de fon cœur un amour qui m'offenfe.
Mais puifqu'à tes foupçons tu veux t'abandon-
                                   ner,
Connois donc tout ce cœur que tu peux foup-
                                 çonner:
Je vais par un feul trait te le faire connoître;
Et de mon fort après je te laiffe le maître.
Ton frere me fut cher, je ne le puis nier;
Je ne cherche pas même à m'en juftifier:
Mais malgré fon amour, ce Prince, qui l'ignore,
Sans tes lâches foupçons l'ignoreroit encore.
       à Arfame.
Prince, après cet aveu, je ne vous dis plus rien.
Vous connoiffez affez un cœur comme le mien,
Pour croire que pour lui l'Amour ait quelque
                                 empire.
Mon Epoux eft vivant: ainfi ma flamme expire.
Ceffez donc d'écouter un amour odieux,
Et furtout gardez-vous de paroître à mes yeux.
      D 5   *à Rha-*

à Rhadamiſthe.
Pour toi, dès que la nuit pourra me le permet-
tre,
Dans tes mains en ces lieux je viendrai me re-
mettre.
Je connois la fureur de tes ſoupçons jaloux ;
Mais j'ai trop de vertu pour craindre mon E-
poux.
Elle ſort.

R H A D A M I S T H E.

Barbare que je ſuis, quoi ! ma fureur jalouſe
Déshonore à la fois mon frere & mon Epouſe !
Adieu, Prince : je cours, honteux de mon er-
reur,
Aux pieds de Zenobie expier ma fureur.

S C E N E V.

A R S A M E *ſeul.*

CHer objet de mes vœux, aimable Zenobie,
C'en eſt fait : pour jamais vous m'êtes donc ra-
vie ?
Amour, cruel Amour, pour irriter mes maux,
Devois-tu dans mon ſang me choiſir des rivaux ?
Ah ! fuyons de ces lieux. . . . . . Ciel ! que me
veut Mitrane ?

S C E N E VI.

ARSAME, MITRANE, GARDES.

M I T R A N E.

J'Obeis à regret, Seigneur ; mais Pharaſmane,
Dont

Dont en vain j'ai tenté de fléchir le courroux......

ARSAME.

Hé bien!

MITRANE.

Veut qu'en ces lieux je m'assure de vous.
Souffrez......

ARSAME.

Je vous entends. Et quel est donc mon
crime?

MITRANE.

J'en ignore la cause, injuste ou légitime:
Mais je crains pour vos jours ; & les transports
du Roi
N'ont jamais dans nos cœurs répandu plus d'ef-
froi.
Furieux, inquiet, il s'agite, il vous nomme,
Il menace avec vous l'Ambassadeur de Rome:
On vous accuse enfin d'un entretien secret.

ARSAME.

C'en est assez, Mitrane, & je suis satisfait.
O Destin! à tes coups j'abandonne ma vie:
Mais sauve, s'il se peut, mon frere & Zenobie.

FIN DU QUATRIEME ACTE.

ACTE

ACTE V.

SCENE PREMIERE.

PHARASMANE, HIDASPE, GARDES.

PHARASMANE.

Hidaspe, il eſt donc vrai que mon indigne
fils,
Qu'Arſame eſt de concert avec mes ennemis ?
Quoi ! ce fils autrefois ſi ſoumis, ſi fidele,
Si digne d'être aimé, n'eſt qu'un traître, un ré-
belle !
Quoi ! contre les Romains ce fils tout mon eſ-
poir
A pû juſqu'à ce point oublier ſon devoir !
Perfide, c'en eſt trop que d'aimer Iſménie,
Et que d'oſer trahir ton pere & l'Ibérie.
Traverſer à la fois & ma gloire & mes feux....
Pour de moindres forfaits ton frere malheu-
reux....
Mais en vain tu ſéduis un Prince téméraire,
Rome, de mes deſſeins ne crois pas me diſtraire:
Ma défaite ou ma mort peut ſeule les troubler.
Un ennemi de plus ne me fait pas trembler.
Dans la juſte fureur qui contre toi m'anime,
Rome, c'eſt ne m'offrir de plus qu'une victime.
C'eſt aſſez que mon fils s'intéreſſe pour toi.
Dès qu'il faut me venger, tout eſt Romain pour
moi.

Mais

Mais que dit Hieron ? T'es-tu bien fait enten-
dre?
Sçait-il enfin de moi tout ce qu'il doit attendre,
S'il veut dans l'Arménie appuyer mes projets?

HIDASPE.

Peu touché de l'espoir des plus rares bienfaits,
A vos offres, Seigneur, toujours plus inflexi-
ble,
Hieron n'a fait voir qu'un cœur incorruptible;
Soit qu'il veuille en effet signaler son devoir,
Ou soit qu'à plus haut prix il mette son pou-
voir:
Trop instruit qu'il peut seul vous servir ou vous
nuire,
Je n'ai rien oublié, Seigneur, pour le séduire.

PHARASMANE.

Hé bien! c'est donc en vain qu'on me parle de
paix.
Dussé-je sans honneur succomber sous le faix,
Jusques chez les Romains je veux porter la guer-
re,
Et de ces fiers Tyrans venger toute la terre.
Que je hais les Romains! Je ne sçais quelle hor-
reur
Me saisit au seul nom de leur Ambassadeur.
Son aspect a jetté le trouble dans mon ame.
Ah! c'est lui qui sans doute aura séduit Arsame.
Tous deux en même jour arrivés dans ces
lieux. . .

Le

Le traître! C'en eft trop. Qu'il paroiffe à mes
yeux!
Mais de le voir, il faut. . . . .

SCENE II.

PHARASMANE, ARSAME, HIDASPE, MITRANE, GARDES.

PHARASMANE.

Fils ingrat & perfide,
Que dis-je? au fond du cœur peut-être parri-
cide,
Efclave de Neron, & quel eft ton deffein?
à Hidafpe.
Qu'on m'amene en ces lieux l'Ambaffadeur Ro-
main.
Traître, c'eft devant lui que je veux te confon-
dre:
Je veux fçavoir du moins ce que tu peux ré-
pondre:
Je veux voir de quel œil tu pourras foutenir
Le témoin d'un complot que j'ai fçû prévenir:
Et nous verrons après fi ton lâche complice
Soutiendra fa fierté jufques dans le fupplice.
Tu ne me vantes plus ton zele ni ta foi.

ARSAME.

Elle n'en eft pas moins fincere pour mon Roi.
PHA-

PHARASMANE.

Fils indigne du jour, pour me le faire croire,
Fais que de tes projets je perde la mémoire.
Grands Dieux ! qui connoiffez ma haine & mes
                                        deffeins,
Ai-je pû mettre au jour un Ami des Romains?

ARSAME.

Ces reproches honteux, dont en vain on m'ac-
                                        cable,
Ne rendront pas, Seigneur, votre fils plus cou-
                                        pable.
Que fert de m'outrager avec indignité?
Donnez-moi le trépas, fi je l'ai mérité :
Mais ne vous flatez point que tremblant pour
                                        ma vie,
Jufqu'à la demander la crainte m'humílie.
Qui ne cherche en effet qu'à me faire périr,
En faveur d'un Rival pourroit-il s'attendrir?
Je fçai que près de vous, injufte ou légitime,
Le plus léger foupçon tint toujours lieu de cri-
                                        me ;
Que c'eft être profcrit que d'être foupçonné ;
Que votre cœur enfin n'a jamais pardonné.
De vos tranfports jaloux qui pourroit me défen-
                                        dre ?
Vous, qui m'avez toujours condamné fans
                                        m'entendre ?

PHARASMANE.

Pour te juftifier, eh! Que me diras-tu?

ARSAME.

Tout ce qu'a dû pour moi vous dire ma vertu :
Que ce fils si suspect, pour trahir sa Patrie,
Ne vous fût pas venu chercher dans l'Ibérie.

PHARASMANE.

D'où vient donc aujourd'hui ce secret entretien,
S'il est vrai qu'en ces lieux tu ne médites rien ?
Quand je voue aux Romains une haine immor-
                         telle,
Voir leur Ambassadeur est-ce m'être fidele ?
Est-ce pour le punir de m'avoir outragé,
Qu'à lui parler ici mon fils s'est engagé ?
Car il n'a point dû voir l'ennemi qui m'offense,
Que pour venger ma gloire, ou trahir ma ven-
                         geance.
Un de ces deux motifs a dû seul le guider ;
Et c'est sur l'un des deux que je dois décider.
Eclaircis-moi ce point : je suis prêt de t'enten-
                         dre ;
Parle.

ARSAME.

je n'ai plus rien, Seigneur, à vous apprendre :
Ce n'est pas un secret qu'on puisse révéler.
Un intérêt sacré me défend de parler.

SCENE. III.

PHARASMANE, ARSAME, MITRANE, HIDASPE, GARDES.

HIDASPE.

L'Ambassadeur de Rome & celui d'Armé-
                         nie . . . .

PHARASMANE.

Hé bien!

HIDASPE.

De ce Palais enlevent Isménie.

PHARASMANE.

Dieux! qu'est-ce que j'entends? Ah! traître,
en est ce assez?
Qu'on rassemble en ses lieux mes Gardes dis-
persés.
Allez dès ce moment; qu'on soit prêt à me suivre.
Lâche, à cet attentat n'espere pas survivre.

HIDASPE.

Vos Gardes rassemblés, mais par divers chemins,
Déja de toutes parts poursuivent les Romains.

PHARASMANE.

Rome, que ne peux tu, témoin de leurs sup-
plices,
De ma fureur ici recevoir les prémices?
Il veut sortir.

ARSAME.

Je ne vous quitte point, en dussé-je périr.
Eh bien! écoutez-moi, je vais tout découvrir.
Ce n'est pas un Romain que vous allez pour-
suivre:
Loin qu'à votre courroux sa naissance le livre,
Du plus illustre sang il a reçu le jour,
Et d'un sang respecté même dans cette Cour,
De vos propres regrets sa mort seroit suivie.
Ce ravisseur enfin est l'époux d'Isménie . . . .
C'est . . . .

E

PHA-

P H A R A S M A N E.

Acheve, Imposteur : par de lâches détours
Crois - tu de ma fureur interrompre le cours ?

A R S A M E.

Ah ! permettez du moins, Seigneur, que je vous
　　　　　　　　　　　　　　　　suive.
Je m'engage à vous rendre ici votre captive.

P H A R A S M A N E.

Retire-toi, perfide, & ne replique pas.
Mitrane, qu'on l'arrête ; & vous, suivez mes
　　　　　　　　　　　　　　　　pas.

S C E N E IV.

ARSAME, MITRANE, GARDES.

A R S A M E.

Dieux ! témoins des fureurs que le cruel mé-
　　　　　　　　　　　　　　　　dite,
L'abandonnerez - vous au transport qui l'agite !
Par quel destin faut - il que ce funeste jour
Charge de tant d'horreurs la nature & l'Amour ?
Mais je devois parler : le nom de fils peut être...
Hélas ! que m'eût servi de le faire connoître !
Loin que ce nom si doux eût fléchi le cruel,
Il n'eût fait que le rendre encor plus criminel.
Que dis-je, malheureux ! que me sert de me
　　　　　　　　　　　　　　　　plaindre ?
Dans l'état où je suis, & qu'ai - je encore à
　　　　　　　　　　　　　　　　craindre ?
Mourons : mais que ma mort soit utile en ces
　　　　　　　　　　　　　　　　lieux
A des infortunés qu'abandonnent les Dieux.
　　　　　　　　　　　　　　　　Cher

Cher Ami, s'il eſt vrai que mon pere inflexible
Aux malheurs de ſon fils te laiſſe un cœur ſen-
ſible,
Dans mes derniers momens à toi ſeul j'ai re-
cours.
Je ne demande point que tu ſauves mes jours :
Ne crains pas que pour eux j'oſe rien entrepre-
dre.
Mais, ſi tu conoiſſois le ſang qu'on va répan-
dre,
Au prix de tout le tien tu voudrois le ſauver.
Suis-moi: que ta pitié m'aide à le conſerver.
Déſarmé, ſans ſecours, ſuis-je aſſez redoutable
Pour allarmer encor ton cœur inexorable?
Pour toute grace enfin, je n'exige de toi,
Que de guider mes pas ſur les traces du Roi.

MITRANE.

Je ne le nierai point, votre vertu m'eſt chere :
Mais je dois obéir, Seigneur, à votre pere.
Vous prétendez en vain ſéduire mon devoir.

ARSAME.

Et bien! puiſque pour moi rien ne peut t'émou-
voir . . . .
Mais hélas! c'en eſt fait, & je le vois patroître.
Juſtes Dieux! de quel ſang nous avez-vous fait
naître;

à part.

Ah! mon frere n'eſt plus! Seigneur, qu'avez-
vous fait?

E 2   SCE.

S C E N E   V.

PHARASMANE, ARSAME, MITRANE,
HIDASPE, GARDES.

P H A R A S M A N E.

J'Ai vengé mon injure, & je satisfait.
Aux portes du Palais j'ai trouvé le perfide,
Que son malheur rendoit encor plus intrépide.
Un long rempart des miens expirés sous ses
coups,

Arrêtant les plus fiers, glaçoit les cœurs de tous.
J'ai vû deux fois le traître, au mépris de sa vie,
Tenter même à mes yeux de reprendre Isménie:
L'ardeur de recouvrer un bien si précieux
L'avoit déja deux fois ramené dans ces lieux.
A la fin indigné, de son audace extrême,
Dans la foule des siens je l'ai cherché moi-mê-
me:

Ils en ont pâli tous; & malgré sa valeur
Ma main a dans son sein plongé ce fer vengeur.
Va le voir expirer dans les bras d'Isménie;
Va partager le prix de votre perfidie.

A R S A M E.

Quoi ! Seigneur, il est mort ! Après ce coup
affreux

Frappez, n'épargnez plus votre fils malheureux.

à part.

Dieux ! ne me rendiez-vous mon déplorable
frere,

Que pour le voir périr pas les mains de mon
pere !

Mitra-

Mitrane, soutiens-moi.
PHARASMANE.
D'où vient donc que son cœur
Est si touché du sort d'un cruel Raviffeur?
Le Romain dont ce fer vient de trancher la vie,
Si j'en crois ses discours, fut l'époux d'Isménie:
Et cependant mon fils charmé de ses appas,
Quand son Rival périt, gémit de son trépas!
Qui peut lui rendre encor cette perte si chere?
Des larmes de mon fils quel est donc le myftere?
Mais moi-même, d'où vient qu'après tant de
fureur
Je me sens malgré moi partager sa douleur?
Par quel charme, malgré le courroux qui m'en
flamme,
La pitié s'ouvre-t-elle un chemin dans mon ame?
Quelle plaintive voix trouble en secret mes sens,
Et peut former en moi de si triftes accens?
D'où vient que je friffonne? Et quel est donc
mon crime?
Me serois-je mépris au choix de la victime?
Ou le sang des Romains est-il si précieux,
Qu'on n'en puiffe verser sans offenser les Dieux?
Par mon ambition d'illuftres deftinées,
Sans pitié, sans regret, ont été terminées;
Et lorfque je punis qui m'avoit outragé,
Mon foible cœur craint-il de s'être trop vengé?
D'où peut naître le trouble où son trépas me
jette?
Je ne sçai: mais sa mort m'allarme & m'inquiette.
Quand j'ai verfé le sang de ce fier ennemi,
Tout le mien s'eft émû, j'ai tremble, j'ai frémi:
Il m'a même paru que ce Romain terrible,

Devenu tout-à-coup à fa perte infenfible,
Avare de mon fang quand je verfois le fien,
Aux dépens de fes jours s'eft abftenu du mien.
Je rappelle en tremblant ce que m'a dit Arfame.
Eclairciffez le trouble où vous jettez mon ame :
Ecoutez-moi, mon fils, & reprenez vos fens.

ARSAME.

Que vous fervent, hélas ! ces regrets impuif-
fans !
Puiffiez-vous à jamais, ignorant ce myftere,
Oublier avec lui de qui vous fûtes pere.

PHARASMANE.

Ah ! c'eft trop m'allarmer : expliquez-vous, mon
fils.
De quel effroi nouveau frappez-vous mes ef-
prits !
Mais pour le redoubler dans mon ame éperdue,
Dieux puiffans ! Quel objet offrez-vous à ma
vûe !

SCENE DERNIERE.

PHARASMANE, RHADAMISTHE,
ZENOBIE, ARSAME, HIERON,
MITRANE, HIDASPE, PHENICE,
GARDES.

PHARASMANE.

MAlheureux, quel deffein te ramene en ces
lieux ?
Que cherches tu ?

RHADAMISTHE.

Je viens expirer à vos yeux.
PHA-

PHARASMANE.
Quel trouble me saisit!

RHADAMISTHE.
                    Quoique ma mort approche,
N'en craignez pas, Seigneur, un injuste reproche.
J'ai reçu par vos mains le prix de mes forfaits.
Puissent les justes Dieux en être satisfaits!
Je ne méritois pas de jouïr de la vie.

         à Zenobie.

Seche tes pleurs: adieu, ma chere Zenobie.
Mithridate est vengé.

PHARASMANE.
                    Grands Dieux! qu'ai-je entendu?
Mithridate! Ah! quel sang ai-je donc répandu?
Malheureux que je suis, puis-je le méconnoître!
Au trouble que je sens, quel autre pourroit-ce
                                            être?
Mais hélas! si c'est lui, quel crime ai-je com-
                                            mis!
Nature! ah! venge-toi, c'est le sang de mon
                                            fils.

RHADAMISTHE.
La soif que votre avoit cœur de le répandre
N'a-t-elle pas suffi, Seigneur, pour vous l'ap-
                                            prendre?
Je vous l'ai vû poursuivre avec tant de cour-
                                            roux,
Que j'ai cru qu'en effet j'étois connu de vous.

PHARASMANE.
Pourquoi me le cacher? Ah! pere déplorable!

RHADAMISTHE.
Vous vous êtes toujours rendu si redoutable,
Que jamais vos enfans proscrits & malheureux
                                            N'ont

N'ont pû vos regarder comme un pere pour
eux,

Heureux, quand votre main vous immoloit un
traître,

De n'avoir point versé le sang qui m'a fait naître!

Que la Nature ait pû, trahissant ma fureur,
Dans ce moment affreux s'emparer de mon
cœur!

Enfin, lorsque je perds une Epouse si chere,
Heureux, quoiqu'en mourant, de retrouver
mon pere!

Votre cœur s'attendrit, je vois couler vos pleurs.
> *à Arsame.*

Mon frere, approchez-vous, embrassez-moi:
je meurs.

ZENOBIE.

S'il faut par des forfaits que ta justice éclate,
Ciel! pourquoi vengeois-tu la mort de Mithridate?

Elle sort.

PHARASMANE.

O mon fils! ô Romains! êtes vous satisfaits?
> *à Arsame.*

Vous, que pour m'en venger j'implore désormais,
Courez vous emparer du Trône d'Arménie.
Avec mon amitié je vous rends Zenobie.
Je dois ce sacrifice à mon fils malheureux.
De ces lieux cependant éloignez-vous tous deux.
De mes transports jaloux mon sang doit se dé-
fendre:

Fuyez, n'exposez plus un pere à le répandre.

F I N.

Sope [illegible] [illegible]
[illegible]
Schu[illegible] [illegible]
[illegible]

www.ingramcontent.com/pod-product-compliance
Lightning Source LLC
LaVergne TN
LVHW010316030726
842520LV00004B/1125